Recycling &
Nachhaltigkeit
NW #9

Jan-Martin Klinge & Riza Kara

1. Auflage

Die Autoren:

Riza Kara ist Haupt- und Realschullehrer für Mathematik und Arbeitslehre: Hauswirtschaft, Technik. Er arbeitet seit 2015 an einer Gesamtschule im Raum Siegen.

Jan-Martin Klinge, Jahrgang 1981, ist Haupt- und Realschullehrer für Mathematik, Physik und Arbeitslehre: Technik und Autor des Lehrerblogs „halbtagsblog.de".

Bisher von den Autoren erschienen:

- *Mit Lerntheken den Mathematikunterricht neu gestalten*
- *Die Physik von Hollywood: Mit aktuellen Kinofilmen Impulse für den Unterricht gewinnen*
- *Elektrotechnik für die Sekundarstufe 1 (Workbook & Lehrerband)*
- *Bautechnik für die Sekundarstufe 1 (Workbook & Lehrerband)*
- *...*

Viele weitere Bücher sind bei Amazon erhältlich.

www.halbtagsblog.de

Materialüberblick

- Duales System – Klebekärtchen;
- Kunststoffreste aus Polypropen (PP) und Polystyrol (PS);
- kleine Eisennägel oder Reißzwecken;
- einige Stücke Kupferdraht;
- Polystyrol-Schnipsel (von einem Joghurtbecher)
- Polyethylen-Schnipsel (von Kunststoffrohr oder Plastiktüte);
- einen Magneten, eine kleine Plastiktüte;
- Untertasse;
- zwei Trinkgläser;
- Kochsalz;
- Löffel;
- Speiseöl;
- neue Teelichter

Übersicht

Stell dir vor, du bist Bundeskanzler*In von Deutschland. Du arbeitest hart, um dieses Land zu führen aber reist auch viel durch Europa und die Welt, sprichst mit vielen Präsidenten und Staatsoberhäuptern. Schreibe auf: **„Was sind die größten Probleme, denen die Menschen in deinem Land/auf der Welt gegenüberstehen?"**

Pair: Probleme der Welt

Pair: Vergleiche dein Ergebnis mit deinem Banknachbarn. Einigt euch auf fünf Punkte.

_____

_____

_____

_____

_____

Share: Besprecht im Plenum und einigt euch: Welches sind die fünf größten Probleme?

_____

_____

_____

_____

_____

An verschiedenen Stellen in diesem Buch sind dir vielleicht schon die kleinen Zeichnungen, die „Sketchnotes", aufgefallen. Sketchnotes sind Notizen, die nicht nur aus Texten, sondern auch aus Bildern und Strukturen (z.B. Pfeilen) bestehen. Der Begriff setzt sich zusammen aus den englischen Begriffen „Sketch" (‚Skizze') und note (‚Notiz').

Das Tolle ist, dass du dich an Inhalte besser *erinnerst*, wenn sie nicht nur aus geschriebenen Worten, sondern auch aus kleinen Skizzen besteht. Daher wirst du in diesem Buch immer wieder kleine Anleitungen finden, die dir helfen sollen, selbst kleine Sketchnotes anzulegen.

Vergleiche den geschriebenen Inhalt oben mit dem skizzierten darunter. Was fällt dir auf?

_____

_____

_____

_____

_____

Brainstorming: Recycling

Eines der drängendsten Probleme der Menschheit betrifft den Umgang mit Müll und den Rohstoffen der Erde. Vielleicht hast du das Wort „Recycling" schon einmal gehört. Was versteht man darunter? Führe mit deinem Banknachbarn ein Brainstorming zum Thema „Recycling" durch. Welche Begriffe fallen euch ein? Schreibe sie hier auf.

In die unsortierten Begriffen der letzten Seite sollst du nun eine sinnvolle Ordnung bringen. Zwei

Bereiche sind hier vorgegeben, vielleicht fällt euch noch ein dritter, sinnvoller ein?

Recycling	Müllervermeidung	

Dir fallen bestimmt einige Produkte ein, die mehrfach und unnötig eingepackt worden sind, oder?

Schreibe Beispiele auf, wo sich Verpackungsmüll ganz leicht vermeiden ließe.

_____

_____

_____

_____

_____

_____

_____

_____

_____

Wie zeichnet man so einen Müllsack? Versuche es selbst!

Lesetext: Wir nutzen Rohstoffe   2.3

Lies den Text und unterstreiche wichtige Textstellen farbig!

Aktuell schreibst du mit einem Stift aus Kunststoff in dieses Buch hinein. Dabei hast du verschiedene Rohstoffe genutzt – weißt du auch, welche?

Als Rohstoffe werden alle Grundstoffe aus der Natur bezeichnet, die man weiterverarbeiten kann. Dazu gehören auch Holz und Erdöl. Aus Holz wird das Papier gewonnen, aus dem dieses Buch besteht und das Erdöl kann in Kunststoff umgewandelt werden, der zu deinem Stift verarbeitet wurde.

Die Geschichte der Menschheit ist untrennbar mit Rohstoffen verbunden. Menschen haben sie seit jeher genutzt, gesammelt und Handel mit ihnen betrieben. Die frühen Epochen der Geschichte sind nach Rohstoffen benannt: Fallen sie dir ein?

1. _Steinzeit_____

2. _____

3. _____

4. _____

Schon bei den Namen der Epochen fällt auf: Welcher Rohstoff gerade begehrt ist, hängt stark von den Möglichkeiten ab, sie zu gewinnen und zu nutzen. Im Lauf der Jahrtausende verbesserte der Mensch die technischen Möglichkeiten zur Gewinnung von Rohstoffen und fand immer mehr Wege, diese Rohstoffe auch zu verbrauchen. Manche von ihnen benötigen wir als Nahrungsmittel, andere verbrennen wir, weil sie uns Energie liefern. Auch Gebrauchsgegenstände werden aus Rohstoffen gefertigt – daher unterteilen wir sie grob in Agrar-Rohstoffe und Industrie-Rohstoffe.

Agrar-Rohstoffe stammen von Pflanzen oder Tieren. Zu ihnen gehören Getreide, Holz und Fleisch. Aus diesen Rohstoffen entstehen dein Frühstücksbrot, das Papier dieses Buches und die Wurst auf dem Grill.

Industrie-Rohstoffe sind dagegen Rohstoffe, die hauptsächlich aus der Erde gefördert werden. Vielleicht hast du den Begriff „Bodenschätze" schon einmal gehört. Zu ihnen gehören Gold, Metalle und Sand aber auch Wasser. Einer der bedeutendsten Industrie-Rohstoffe ist Erdöl. Aus ihm gewinnen wir das Benzin für die Autos und allen Kunststoff, der dir begegnet.

Man Rohstoffe jedoch auch in Primär- und Sekundärrohstoffe unterteilen. „Primär" kommt aus dem Latein und bedeutet „zuerst" und vielleicht hast du schon einmal das Wort „Premiere" gehört. „Sekundär" bedeutet dann „als zweites" und du kannst es dir gut merken, wenn du an das englische Wort „second" denkst.

Primärrohstoffe sind natürliche Ressourcen und können meist direkt genutzt werden. Bei der Papierherstellung wäre das zum Beispiel das Frischholz.

Wenn dein Stift zerbricht und das Buch hier vollgeschrieben ist, wirfst du vermutlich beides in den Müll. Aber, was geschieht eigentlich damit?

Auch aus unserem Müll lassen sich Rohstoffe gewinnen – das bekannteste Beispiel ist der Altpapiercontainer. Diese Rohstoffe nennt man **Sekundärrohstoffe** und sie stammen nicht direkt aus natürlichen Quellen: Sie werden durch Recycling der Primärrohstoffe gewonnen. Das bedeutet: Je mehr und besser wir recyceln, desto mehr Sekundärrohstoffe stehen zur Verfügung. Das ist wichtig, weil es nicht unendlich viele Rohstoffe gibt! Je mehr Sekundärrohstoffe die Menschheit nutzt, desto weniger Primärrohstoffe müssen eingesetzt werden. Dadurch werden die natürlichen Ressourcen des Planeten geschont. Zum Beispiel kann für die Papierherstellung anstelle des Frischholzes auch Altpapier treten. Altpapier kann man bis zu siebenmal wiederaufbereiten und in neues Papier umwandeln. Und dabei muss nicht mal die Hälfte der Energie aufgewandt werden wie bei der Erzeugung von Frischpapier. Bei Glas sieht die Sache ähnlich aus: Beim Recycling von Altglas werden 30 Prozent weniger Energie verbraucht und die Wiederaufbereitung ist rund 50-mal möglich.

Rohstoffe

1. Agrar-Rohstoffe sind zum Beispiel _____ oder _____ .

    Industrie-Rohstoffe sind zum Beispiel _____ oder _____ .

2. Erkläre an einem eigenen Beispiel den Unterschied zwischen einem primären und einem sekundären Rohstoff.

    _____

    _____

    _____

    _____

    _____

    _____

    _____

Wie zeichnet man einen Rohstoff? Versuche es selbst!

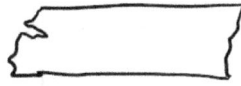

Rohstoffe

3. Ist Müll ein Rohstoff? Sammle Argumente dafür und dagegen und diskutiere anschließend mit deinem Partner.

Müll ist ein Rohstoff!	Müll ist kein Rohstoff!

4. Du gehst einkaufen und legst folgende Produkte in den Einkaufswagen: Brot in einer Papiertüte, verpackte Butter (in aluminiumbeschichtetem Papier), ein Glas Joghurt und eine Plastikschale mit Tomaten.

   Zähle auf, welche Rohstoffe sich in deinem Einkauf verbergen.

   _____

   _____

   _____

5. Obst wird oft in Kunststoffschälchen verkauft. Beurteile, ob hier ein Rohstoff sinnvoll genutzt wird. Wenn nicht, denke dir eine Alternative aus oder recherchiere im Internet nach Ideen.

   _____

   _____

   _____

   _____

   _____

Zeichne einen Pfeil! Ein Schatten hilft, deinen Zeichnungen Tiefe zu verleihen.

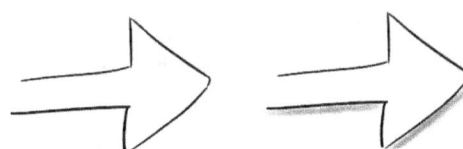

Vor vielen Jahren ist das Abfallaufkommen in Deutschland immer größer geworden, so dass gesetzliche Regelungen notwendig wurden um dem wachsenden Müllberg Herr zu werden. Diese Regelungen findet man im „Kreislaufwirtschafts- und Abfallgesetz". Dort ist der Umgang mit Abfällen geregelt und man dort findet auch drei grundlegende Forderungen:

a) Abfall vermeiden

b) Abfall verwerten und in den Stoffkreislauf zurückführen (recyceln)

c) Abfall, der nicht vermieden oder verwertet werden kann, sachgemäß behandeln und ablagern

Beantworte die Fragen in deinem Heft!

1. Weshalb leistet Recycling einen wesentlichen Beitrag zum Umweltschutz?

2. Wiederverwertbare Abfälle werden auch Wertstoffe genannt. Um welche Stoffe handelt es sich hierbei?

_____

_____

_____

Bioabfälle _____

_____

_____

3. Recycling beginnt mit der Sortierung beim Wegwerfen! Wie funktioniert das dir zu Hause? Wie trennt ihr den Müll?

4. Am Allerwichtigsten ist die Abfallvermeidung. Nenne Beispiele, wo du im Alltag Abfall vermeiden kannst.

Schmutzige Luft

Immer wenn ein Feuer brennt, entstehen dabei giftige Stoffe, die unsere Umwelt belasten. Dies gilt im besonderen bei der Verbrennung fossiler Energie, z. B. Kohle, Öl und Holz. Besonders anschaulich wird dies am Beispiel der Luftverschmutzung: Nicht nur der Kamin zu Hause, sondern auch die Industrie, Kraftwerke und jedes Auto pustet giftige Gase in die Luft.

Ein erster wichtiger Schritt zur Reduzierung der Umweltbelastungen ist der bewusstere, sparsamere Umgang mit Energie. Durch Verordnungen, Gesetze und entsprechende Kontrolleinrichtungen werden Maßnahmen eingeleitet, die zu einer Reduzierung der Schadstoffbelastung führen.

Die umweltschädlichsten Stoffe sind:

- Kohlenstoffdioxid (CO2),
- Kohlenstoffmonooxid (CO),
- Schwefeldioxid (SO2),
- Stickstoffoxide (NOX).

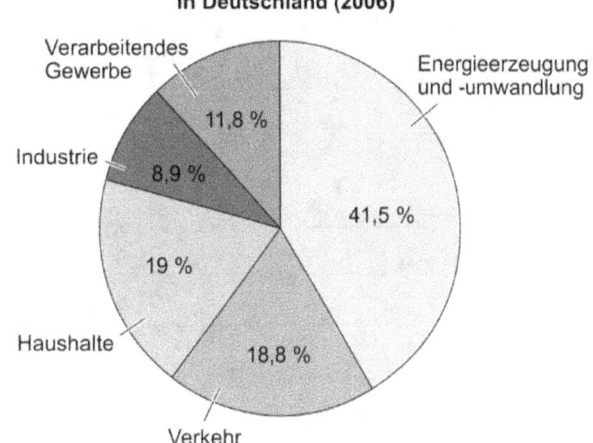

Anteil an der CO_2-Emission in Deutschland (2006)

Aus der Grafik links ist die Verteilung der Anteile der CO2-Verursacher ersichtlich. Weißt du, wie man sie liest? Welches sind die drei größten Verursacher von CO2-Emissionen?

(Das Wort Emission bedeutet „die Abgabe von Substanzen oder Strahlung an die Umwelt")

Kohlenstoffdioxid

Kohlenstoffdioxid (kurz: CO2) kann man weder sehen noch riechen. Woher weiß man, dass er dann durch die Luft schwebt? Um solche Stoffe zu entdecken, haben Chemiker „Nachweismethoden" entwickelt – das sind Experimente, die beweisen, dass ein bestimmter Stoff im Raum ist.

Auch für CO2 gibt es ein solches Experiment: Kalkwasser ist eine durchsichtige, klare Flüssigkeit die man von normalem Wasser äußerlich nicht unterscheiden kann. Pustet man jedoch CO2 in Kalkwasser, trübt sich die Flüssigkeit augenblicklich – ganz so, als hätte man einige Tropfen Milch hineingeschüttet.

Achtung! Kalkwasser ist ätzend und darf auf keinen Fall in die Augen gelangen! Trage bei den folgenden Experimenten auf jeden Fall eine Schutzbrille!

Lies dir die Beschreibung durch und ergänze zunächst die Versuchsskizze auf der nächsten Seite.

Geräte, Werkzeuge

Standzylinder,

Abdeckplatte, Teelicht, Feuerzeug,

Schlauch, Erlenmeyerkolben, Stopfen,

Schutzbrille, Sprudelflasche

Chemikalien

Kalkwasserlösung

Anleitung, Durchführung

1. Fülle einen Erlenmeyerkolben mit Kalkwasser. Blase anschließend mit einem Röhrchen Atemluft in das Wasser. Notiere deine Beobachtung auf der nächsten Seite.

2. An Stelle deiner Atemluft, soll nun eine Sprudelflasche treten. Nutze einen Stopfen und den Schlauch und leite das Gas in das Kalkwasser. Notiere deine Beobachtung.

3. Zünde ein Teelicht an und stülpe den Standzylinder umgekehrt darüber. Warte, bis es erlischt. Hebe den Zylinder kurz an und verschließe ihn sofort mit der Abdeckplatte, damit das CO2 nicht entweicht. Drehe den Standzylinder um und gib vorsichtig etwas Kalkwasser hinein. Bewege den Zylinder vorsichtig und beobachte.

ACHTUNG: Schutzbrille! Nur unter Aufsicht der Lehrperson durchführen!

Versuchsskizze 1:

Versuchsskizze 2:

Versuchsskizze 3:

Kohlenstoffdioxid

Beobachtung:

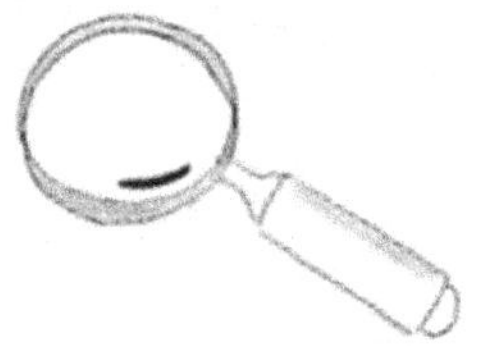

1) _____

_____

2) _____

_____

3) _____

_____

Bei der Bearbeitung dieses Experiments habe ich Folgendes gelernt:

_____

_____

_____

_____

_____

_____

Saurer Regen

3.3

Informiere dich im Internet über „sauren Regen" und erkläre die eingezeichnete Entwicklung.

Schwefeldioxid entweicht

Ohne den sogenannten Treibhauseffekt lägen die Temperaturen auf der Erde im Durchschnitt bei minus 18 °C. Da wäre kein menschliches Leben möglich gewesen. Wolken verschiedene Gase in der Luft bewirken aber weltweit eine durchschnittliche Temperatur von 15 °C. In den letzten Jahrzehnten hat der Mensch jedoch durch Fabriken und Autoabgase viele weitere klimawirksame Gase in die Atmosphäre gebracht. Dadurch hat sich die Durchschnittstemperatur der Erde um 0,7 °C erhöht. Das klingt nicht nach viel – sorgt aber an vielen Stellen der Erde für Katastrophen.

Was aber ist der Treibhauseffekt?

kurzwellige
Strahlung

langwellige
Strahlung

In einem Treibhaus dringt kurzwellige Sonnenstrahlung (Licht) durch das Glas ein und wird von den Pflanzen nicht nur aufgenommen, sondern auch in Form von Wärmestrahlung reflektiert. Diese Wärmestrahlung sind langwellige, für uns unsichtbare Lichtstrahlen, die das Fensterglas nicht durchdringen können. Sie werden reflektiert und strahlen zurück, so dass sich das Treibhaus aufheizt.

Ergänze mit Farbstiften eine Atmosphäre und füge mit Pfeilen den Treibhauseffekt, wie du es beim Treibhaus gelernt hast, hinzu.

Treibhauseffekt

Zwei Auswirkungen des Treibhauseffektes sind durch Fotos festgehalten. Schreibe einen kurzen Text dazu in dein Heft, der die Fotos erklärt: Was haben sie mit dem Treibhauseffekt zu tun?

Suche mindestens ein weiteres passendes Foto, klebe es auf ein neues Blatt und beschreibe es auch.

_____

_____

_____

_____

_____

_____

_____

_____

_____

_____

Treibhauseffekt

3.4

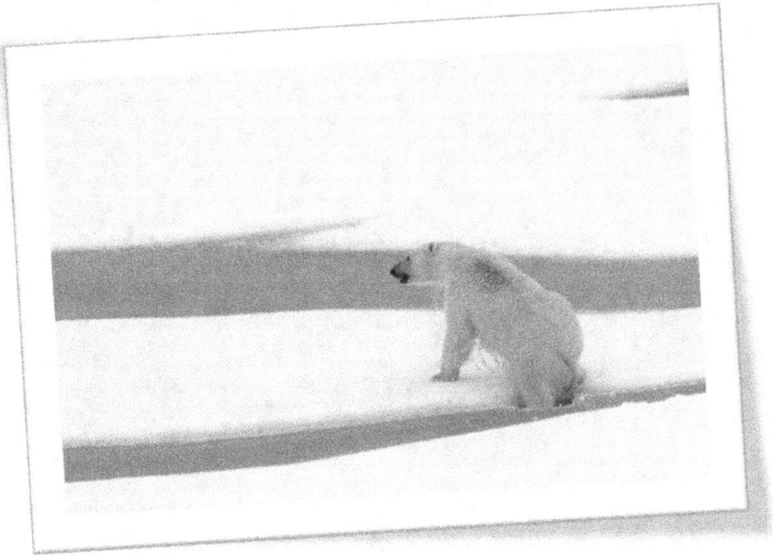

Wie skizziert man einen Eisbär? Versuche es selbst!

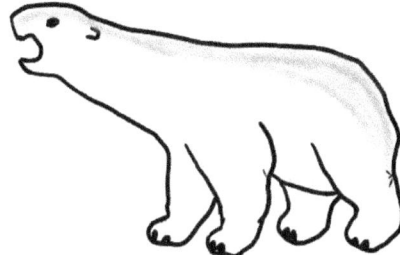

Treibhauseffekt

Hier ist Platz für dein eigenes Bild

_____

_____

_____

_____

_____

_____

_____

_____

_____

_____

Das Duale System

Du hast schon vom Kreislaufwirtschafts- und Abfallgesetz gehört, dass in Deutschland den Umgang mit Müll regelt. Dieses Gesetz bestimmte auch, dass der Handel seine Verkaufsverpackungen zurücknehmen, wiederverwerten oder einer stofflichen Verwertung zuführen muss. Deshalb gibt es neben der öffentlichen Abfallentsorgung der Landkreise (braune, schwarze und blaue Tonne) eine weitere Entsorgung: Die Gelbe Tonne.

Bestimmt hast du auf Verpackungen schon einmal den grünen Punkt gesehen – vielleicht hast du ja einen Schokoladenriegel gerade dabei? Dann schau einmal auf der Verpackung, ob du ihn findest. Diese Symbole sind ausschließlich für die Sammlung und Sortierung von Verkaufsverpackungen zuständig.

Merksatz: Rohstoffe, die durch Recycling aus Müll gewonnen werde, heißen sekundäre Roh-stoffe. Grundstoffe aus natürlichen Quellen stammen, heißen primäre Rohstoffe. Beispiele für sekundäre Rohstoffe sind Glas, Papier, Eisen, Aluminium. Beispiele für primäre Rohstoffe sind Holz oder Sand.

Erzeuge aus dem Merksatz ein Sketchnote:

Das Duale System

Vorne bekommst du ein Arbeitsblätt mit Kärtchen. Schneide Sie aus und klebe sie so auf,

dass sie den Kreislauf des Dualen Systems illustrieren. Ergänze den Weg mit passenden Pfeilen.

Handel

Abfüllung

Rückweg

Handel: Annahmestelle

Recycling

Haushalt

Sortierung

Sammlung

Trennverfahren

Nachdem Verpackungsabfälle über die gelbe Tonne eingesammelt wurden, kommen sie in eine Sortieranlage. Dort werden Plastiktüten, Folien, Becher, Flaschen und andere Kunststoffverpackungen von Getränkekartons und Konservendosen getrennt und sortiert.

Aber wie genau funktioniert das?

Erarbeitet in Tischgruppen die Funktionsweise einer Müllsortieranlage und überlegt zunächst

- ...welche unterschiedlichen Arten von Müll gibt es?
- ...wie kann eine Maschine oder ein Sensor diese Arten unterscheiden?

Macht euch Gedanken über die unterschiedlichen Eigenschaften und nutzt Hilfsmittel wie z.B. den Lichtsensor eurer Smartphones (App-Tipp: phyphox)

Müllarten:

_____

_____

_____

Unterschiedliche Eigenschaften des Mülls:

_____

_____

_____

_____

_____

_____

Sortieranlage

Wird ein ganzes Auto verschrottet, geht man auch dort Schritt für Schritt vor: Zuerst wird erst die Batterie ausgebaut und die Airbags werden stillgelegt. Dann werden alle Flüssigkeiten abgelassen: Benzin, Getriebe- und Motoröl, Brems- und Kühlflüssigkeit und, falls eine Klimaanlage vorhanden ist, das Kältemittel.

Anschließend werden alle Bauteile ausgebaut, die man später als Ersatzteile verkaufen kann. In manchen Anlagen werden jetzt auch größere Kunststoffelemente – zum Beispiel das Armaturenbrett – demontiert. Auch die Reifen werden abgenommen. Dies geschieht inzwischen mehr und mehr durch Roboter.

In dieser Stunde sollt ihr eine kleine Sortieranlage nachbauen.

Dazu braucht ihr

- Einen Mischmasch aus Müll: kleine Eisennägel oder Reißzwecken; einige Stücke Kupferdraht; Polystyrol-Schnipsel (von einem Joghurtbecher) und Polyethylen-Schnipsel (von einem Kunststoffrohr oder einer Plastiktüte)
- Außerdem: einen Magneten und eine kleine Plastiktüte; eine Untertasse; zwei Trinkgläser; Kochsalz; einen Kaffeelöffel

Das bereitet ihr vor:

- Mischt die kleinen Teile der vier Materialien auf der Untertasse.
- Füllt das erste Trinkglas zu 3/4 mit Wasser und gebt so viel Salz dazu, bis sich nichts mehr auflöst.
- Füllt das zweite Trinkglas einfach nur mit Wasser.

Folgt den Anweisungen auf der nächsten Seite.

Sortieranlage

So führt ihr die Stofftrennung durch:	Das könnt ihr beobachten:
Steckt den Magneten in die kleine Plastiktüte und führt ihn über die gemischten Teile.	
Gebt den Rest der kleinen Teile in das erste Trinkglas (Salzwasser)	
Fischt mit dem Löffel die Teile ab, die oben schwimmen.	
Gebt die abgefischten Teile in das zweite Trinkglas (nur Wasser) und beobachte: Trennt es sich erneut?	

Glasrecycling

Jeden Tag erreichen die Sammelfahrzeuge den Betriebshof der Glasfabrik und leeren ihre Behälter in die verschiedenen Bunker, nach Farben getrennt: grün zu grün, braun zu braun und weiß zu weiß.

Beim Wiederaufbereiten des Glases stören Fremdstoffe, darum wird mehrfach nachsortiert: Falsch eingeworfene Plastikflaschen und Tüten werden gleich auf dem ersten Band entfernt, andere Materialien erst nach dem Zerkleinern.

Starke Magnete entfernen die Schraubendeckel von Marmeladengläsern, Plastikreste werden mit empfindlichen Staubsaugern abgesaugt. Aber wie kann man Porzellan oder Steine vom Förderband mit dem zerkleinerten Material aussortieren? Wie könnte eine Maschine aussehen, die das automatisch macht?

Skizziere eine Maschine, die selbstständig Glas von Porzellan und ähnlichen Materialien unterscheiden und störende Teile von einem Förderband entfernen kann.

- Welche Eigenschaften der Materialien muss eine solche Maschine erkennen und unterscheiden können?

- Welche Bauelemente brauchst du? Erstelle auf der nächsten Seite eine Skizze, wie du dir eine solche Maschine vorstellst, und beschriftet sie!

Glasrecycling - Skizze

Altglastrennung

In der letzten Stunde habt ihr vielleicht Ideen über Möglichkeiten zur automatischen Mülltrennung nachgedacht. Eine Variante ist, mit der Lichtdurchlässigkeit unterschiedlicher Materialien zu arbeiten.

Lies dir die Experimentalbeschreibung sorgfältig durch bevor du den Versuch durchführst.

Geräte, Werkzeuge

Smartphone; Lampe,

App „phyphox" oder Luxmeter

Chemikalien

Weißglas, Buntglas,

Porzellan, farbige Kunststoffe

Anleitung, Durchführung

1. Lege das Handy mit gestartetem Helligkeitssensor (z.B. phyphox) etwa 50 Zentimeter unter die Lampe

2. Notiere den angegebenen Wert

3. Halte eine Scherbe aus Weißglas/Buntglas/Kunststoff dicht über dem Smartphone zwischen Lampe und Luxmeter und notiere den Wert in der Tabelle auf der nächsten Seite

4. Vergleiche die verschiedenen Werte miteinander.

ACHTUNG: Keine Scherben mit scharfen Kanten nutzen!

Altglastrennung

Beobachtung:

_____

_____

_____

Helligkeit					
ohne Glas	Weißglas	Buntglas	Porzellan		

Bei der Bearbeitung dieses Experiments habe ich Folgendes gelernt:

_____

_____

_____

_____

_____

_____

Wie zeichnet man eine Flasche? Versuche es selbst!

Lebensmittel

Essensreste gehören nicht in den Restmüll, sondern in die Biotonne! Aber viele Lebensmittel kommen in die Tonne, obwohl man sie noch verzehren könnte.

Die Untersuchung einer Umweltorganisation hat ergeben, dass fast ein Drittel aller Lebensmittel in Deutschland weggeworfen werden. Die Hälfte dieser Lebensmittel davon hätte man noch essen können. Den größten Teil dieses Müllberges machen Obst und Gemüse aus, dicht gefolgt von Brot und anderen Backwaren. Dann kommen Kartoffeln und Milchprodukte. Die meisten vermeidbaren Abfälle entstehen dabei in den Haushalten – also kann jeder von uns etwas dazu beitragen, dass weniger Lebensmittel verschwendet werden.

Von wem kommen die Lebensmittelabfälle in Deutschland?

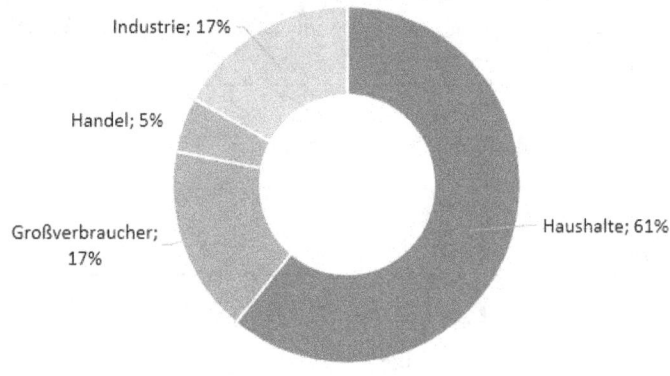

Industrie; 17%

Handel; 5%

Großverbraucher; 17%

Haushalte; 61%

_____

_____

_____

_____

_____

Überlege mit deinem Nachbarn, was man mit Lebensmitteln machen kann, die sich noch zum Verzehr eignen. Überlegt auch, wie man überhaupt vermeiden kann, dass so große Mengen an Lebensmittelabfällen entstehen.

Speisefett

Wenn vor einem Restaurant ein LKW hält, dann nicht immer, um Waren auszuladen. Manchmal werden auch große Kunststoff-Tonnen in das Fahrzeug verladen, ehe es wieder abfährt. In solchen Tonnen befindet sich altes Fett, mit dem zum Beispiel Pommes Frites frittiert worden sind. Aber was passiert eigentlich mit dem alten Fett?

Speiseöl und Fette haben einen hohen Brennwert, darum werden sie in speziellen Betrieben zum Beispiel zu Biodiesel verarbeitet. Wie gut Speiseöle brennen können, kannst du selbst ausprobieren.

Aber Vorsicht! Nur unter Aufsicht des Lehrers durchführen!

Geräte, Werkzeuge

neues Teelicht

feuerfeste Unterlage

Schutzbrillen, Feuerzeug

Chemikalien

Speiseöl (z.B. Sonnenblumen-öl)

Anleitung, Durchführung

1. Zieht den Wachszylinder aus dem Teelicht-Behälter.

2. Zieht den Docht mit dem Dochthalter nach unten aus dem Wachszylinder.

3. Stellt den Docht mit Halter in den leeren Behälter.

4. Gießt den Behälter halb voll mit Speiseöl.

5. Zündet den Docht an und beobachtet!

ACHTUNG: Nur unter Aufsicht der Lehrperson durchführen!

Speisefett

Beobachtung:

_____

_____

_____

_____

_____

_____

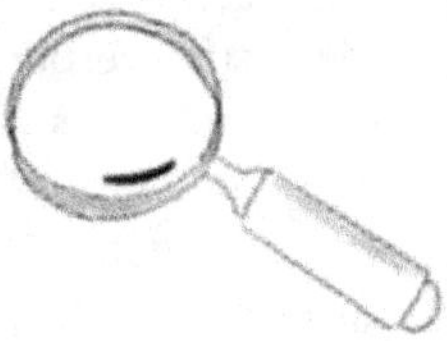

Bei der Bearbeitung dieses Experiments habe ich Folgendes gelernt:

_____

_____

_____

_____

_____

_____

Aufräumen!

_____

_____

_____

_____

_____

_____

Papierrecycling

Mit Papier hast du jeden Tag zu tun: Angefangen vom Toilettenpapier über die Milchtüte (aus einem Papier-Kunststoff-Verbund) bis zu deinen Schulbüchern - Papier ist aus unserem Leben nicht mehr wegzudenken. Einiges ist für den dauerhaften Gebrauch bestimmt wie zum Beispiel Bücher, die meisten Produkte aus oder auf Papier haben dagegen nur ein kurzes Leben und werden schon bald zu Altpapier. Dazu gehören z. B. Zeitungen, Kataloge, Verpackungen und Pappen vielleicht aber auch deine Schulhefte nach Ende des Schuljahres.

Die Mengen, die dabei hergestellt und anschließend wieder zu Abfall werden, kann man sich kaum vorstellen: In einem einzigen Jahr werden in Deutschland 23 Millionen Tonnen Papier, Karton und Pappe hergestellt. Würde man diese Menge in LKWs transportieren, würde die Schlange an LKWs von Deutschland bis nach China reichen. Weil sich aus altem Papier aber sehr leicht neues machen lässt, wird hierzulande Altpapier wieder über Container oder die blaue Tonne eingesammelt.

Das eingesammelte Material kommt in eine Fabrik, die es recycelt. Insgesamt landen in Deutschland jedes Jahr 16 Millionen Tonnen Altpapier in solchen Fabriken. Ein Großteil des in Deutschland hergestellten Papiers wird also wiederaufbereitet.

Rechne aus: Deutschland hat 81 Millionen Einwohner. Wenn alles Papier, alle Pappen und Kartons, die die in einem Jahr hergestellt werden, gleichmäßig auf alle diese Menschen verteilt würde, wie viel Kilogramm wären das pro Kopf? Wieviel wäre das für deine Familie im Jahr?

_____

_____

_____

Wie zeichnet man einen Hefter? Versuche es selbst!

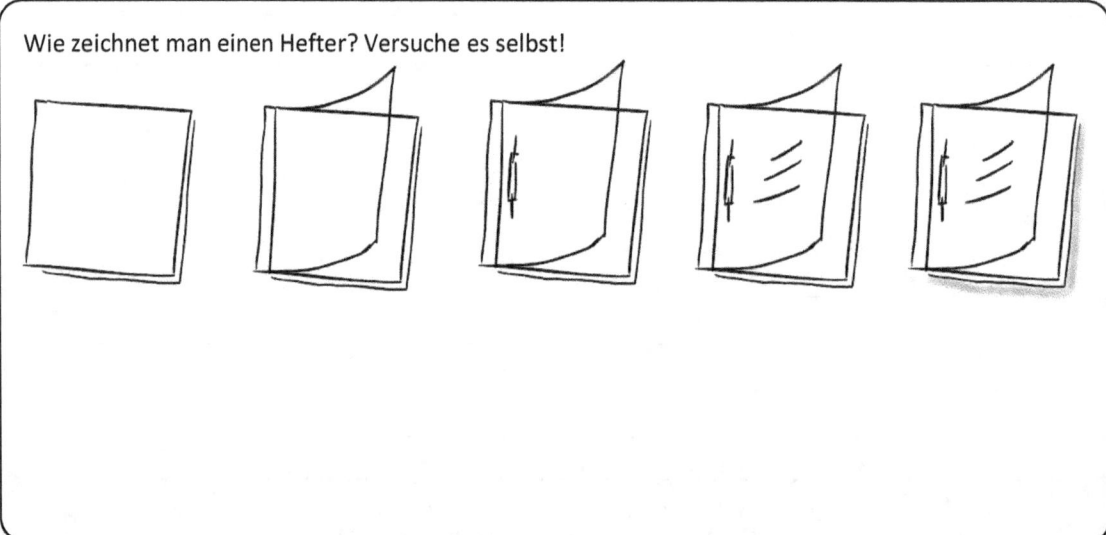

Papierrecycling

Was passiert mit den rund 16 Millionen Tonnen Altpapier und Pappe, die jedes Jahr in Deutschland gesammelt werden? Die Wiederaufbereitung geschieht in mehreren Schritten:

1. In der Recyclinganlage kommt das Altpapier auf ein Laufband.

2. Alles, was nicht Papier, Pappe oder Karton ist, wird durch Menschen und Sortiermaschinen aussortiert.

3. Um leichtes Papier von schwerer Pappe und Karton zu trennen, läuft das nächste Band durch Metallrollen mit Nägeln. Alles, was fester ist als Papier, wird aufgespießt. So werden Pappe und Karton aussortiert.

4. Das verbleibende Papier wird in winzige Schnipsel zerschnitten und ein Magnet entfernt alles, was aus Metall ist, z.B. Büroklammern.

5. Die Papierschnipsel werden in einer großen Wanne gesammelt und mit Wasser zu einem Brei vermischt und gewaschen.

6. Durch das Wasser werden auch die Druckfarben aus dem Brei entfernt. Diesen Vorgang nennt man De-inking (vom englischen Wort „ink" = Tinte).

7. Der nunmehr weiße Papierbrei wird mit Wasser und frischen Holzfasern weiter verdünnt und gelangt zum Abtropfen auf ein Sieb.

8. Was auf dem Sieb übrig bleibt nennt man Vlies. Es wird von großen Walzen glatt gepresst und läuft auf einem Fließband durch einen langgestreckten Ofen, wo es trocknet. Die so entstandenen Papierbahnen werden auf Rollen gespult und an die Papierfabrik geliefert. Dort wird es neu genutzt.

Fasse den Text in Form eines Sketchnotes zusammen! Benutze Text, Bilder und Pfeile.

1. Altpapier wird angeliefert

8. Papierfabrik

Papierfabrik

Stelle dein eigenes Papier aus Altpapier her. Dazu brauchst du:
- einen Papierschöpfrahmen (oder einen alten Bilderrahmen, Fliegengitter und einen Tacker)
- altes Papier
- eine große Schüssel
- einen Mixer oder einen Pürierstab
- eine große Wanne (der Schöpfrahmen muss hineinpassen!)
- zwei Filzplatten oder alte Wollstoffe
- eine wasserdichte Unterlage
- Wasser
- eine Nudelrolle

1. Fertige zunächst den Papierschöpfrahmen an. Bespanne dazu einen alten Bilderrahmen mit Fliegengitter. Tackere es an den Seiten fest, damit es hält.

2. Reiße Altpapier in kleine Fetzen. Übergieße es mit warmem Wasser und lasse es über Nacht einweichen.

3. Zerkleinere den Papierbrei mit dem Mixer. Wenn der Brei zu fest ist, gib etwas warmes Wasser dazu.

4. Fülle anschließend die Wanner zur Hälfte mit Wasser und füge nun schrittweise den Papierbrei hinzu. Rühe dabei stets kräftig um. Je mehr Brei auf dem Wasser schwimmt, desto dicker wird später das Papier.

5. Tauche mit dem Schöpfrahmen in die Wanne und hebe ihn langsam an.

6. Lass das Wasser abtropfen und lege anschließend die Filzmatte auf den Papierbrei.

7. Stürze beides umgekehrt auf die wasserfeste Unterlage. Der Papierbrei sollte nun auf der der Filzmatte liegen, obenauf der Rahmen.

8. Löse den Rahmen nun vorsichtig von dem Brei.

9. Lege die zweite Filzmatte auf den Brei und rolle ihn mit der Nudelrolle glatt. Die obere Filzmatte zieht sich voll mit Wasser. Wringe sie zwischendurch aus und wiederhole den Vorgang, bis das Papier so gut wie trocken ist.

Kunststoff

Lies den Text und unterstreiche wichtige Passagen.

Wir können uns unsere Welt ohne Plastik gar nicht mehr vorstellen – dabei ist Kunststoff noch gar nicht so alt. Ob in der Küche, im Kinder- oder Klassenzimmer: Überall sind wir von Kunststoffprodukten umgeben. Ihr Vorteil: Sie haben eine geringere Dichte als Metalle und Keramik und sind somit leichter. Weil sie außerdem weniger schnell zerbrechen als Glas oder Keramik, werden viele Kinderspielzeuge aus Plastik gefertigt. Kunststoff leitet keinen Strom, so dass man es nicht nur als Isolatoren in Kabeln und Stromleitungen einsetzt, sondern als zusätzliche Sicherheit viele elektrische Geräte aus Plastik herstellt. Seine Wärmeleitfähigkeit ist ebenfalls gering und Kunststoff lässt sich – im Unterschied zu Metall – schon bei geringen Temperaturen verarbeiten. Im Vergleich zu Papier weist Kunststoff eine hohe Beständigkeit gegenüber Zersetzungsmitteln auf – es ist also stabil.

Aber: Pro Jahr werden in etwa eine Billion Plastiktüten weltweit benutzt und weggeworfen. Auch sie tragen zu wachsenden Müllbergen in vielen Teilen der Welt bei, denn bis eine Plastiktüte vollständig zerfallen ist, benötigt sie etwa 100 bis 500 Jahre. Das ist eine Katastrophe!

Jedes Jahr landen fast sieben Millionen Tonnen Plastikmüll in unseren Meeren und bilden teilweise in den gewaltigen Strömungen gigantische Müllstrudel: Der bekannteste von ihnen ist der *Great Pacific Garbage Patch* im Nordpazifik, der seit Jahrzehnten wächst und wächst. Inzwischen bedeckt er eine Fläche, so groß wie Zentraleuropa!

In jedem Quadratkilometer Meer schwimmen heute bis zu 46.000 Teile Plastikmüll. Die Menge des treibenden Mülls an der Wasseroberfläche ist so groß, dass dieser vom Weltraum aus zu erkennen ist – als riesige Müllteppiche, die mit den Meeresströmungen wandern. Dabei sind

die Abfälle an der Meeresoberfläche nur ein kleiner Teil des Problems: Mehr als 70 Prozent des Mülls sinkt auf den Grund, zerfällt nach und nach und landet über die Nahrungskette auf unseren Tellern.

Mikroplastik

Plastik verschwindet nicht einfach – es wird zunächst nur kleiner. In Bächen, Flüssen und dem Meer sorgen die Kraft von Wellen und Strömungen sowie die Sonnenstrahlen dafür, dass große Plastikteile in immer kleinere Fragmente zerbrechen. Diese kleinen Kunststoffteile im Wasser werden „Mikroplastik" genannt, da sie teilweise mikroskopisch klein und für das menschliche Auge nicht mehr sichtbar sind.

Als Mikroplastik bezeichnet man Teile, die im Durchmesser **kleiner als 5mm** sind.

Geräte, Werkzeuge

Petrischalen, Filzschreiber

Wasserbecken, Waage, Mikroskop, Lupe

Fleece, Mikrosiebe (100-300 Mikrometer),

destilliertes Wasser, Objektträger

Chemikalien

Duschgel, Körperpeeling, etc.

Anleitung, Durchführung

1. Wiege jeweils zwei Gramm des Kosmetikprodukts in einer Petrischale ab.

2. Überführe die Probe mithilfe der Spritzflasche in ein Mikrosieb und spüle sie vorsichtig unter einem Wasserhahn aus. Achte darauf, dass unter dem Wasserstrahl nichts von der Probe verloren geht. Es muss so lange gespült werden, bis die Probe nicht mehr schäumt.

3. Führe die ausgewaschene Probe mithilfe der Spritzflasche in eine saubere Petrischale.

4. Betrachte die Probe nun unter dem Mikroskop.

5. Wiederhole das Experiment mit verschiedenen Körperpflegeprodukten sowie dem Fleece-Stoff.

6. Erstelle eine Zeichnung der mikroskopischen Überreste auf der nächsten Seite. Nutze im Mikroskop zunächst die kleinste Vergrößerung!

Mikroplastik

Beobachtung:

_____

_____

_____

_____

_____

_____

Bei der Bearbeitung dieses Experiments habe ich Folgendes gelernt:

_____

_____

_____

_____

_____

_____

Mikroplastik

Mikroplastik ist ein gewaltiges Problem in der Natur. Dieses Experiment erfordert etwas Aufwand denn denn wir brauchen eine Probe von Sediment und Sand von einem Flußufer oder Strand. Wenn du nicht nicht in der Nähe des Meeres wohnst: Vielleicht hat einer von euch einen Verwandten oder Freund, der dort lebt und euch eine Probe schicken kann. Zur Not tut es auch Sand aus einem Spielplatz.

Geräte, Werkzeuge

Petrischalen, Binokular oder Lupe, Behälter mit Sandproben; leere Marmeladengläser

Chemikalien

Leitungswasser, Salz

Anleitung, Durchführung

1. Gib mit einem Löffel etwas Sediment in eine Petrischale und beschrifte sie mit einem wasserfesten Stift. Betrachte die Probe anschließend unter dem Binokular. Kannst du Mikroplastik-partikel erkennen? Notiere deine Beobachtung auf der nächsten Seite.

2. Gib mit einem Löffel etwas Sediment in ein Marmeladenglas. Fülle es zu einem Drittel mit Leitungswasser und schüttle es kräftig. Betrachte einen kleinen Teil der Probe nun in einer Petrischale unter dem Binokular. Notiere deine Beobachtung.

3. Gib anschließend mit einem Löffel etwas Salz in das Marmeladenglas und schüttle erneut. Betrachte auch hier einen Teil der Probe unter dem Binokular. Erkennst du nun Mikroplastikartikel?

Mikroplastik

Beobachtung:

	Probe 1	Probe 2	Probe 3
Herkunft			
Ohne Wasser			
Leitungswasser			
Kochsalzlösung			

Warum stellt Mikroplastik am Strand eine Gefahr dar? Wii könnte man den Strand von Mikroplastik befreien? Überlegt auch, ob euer Ansatz finanziell umsetzbar wäre. Zu welchem Schluss kommt ihr?

_____

_____

_____

_____

Mikroplastik

Schau dir das folgende Video an: https://youtu.be/NjGdeeCVa9c und erkläre anschließend in eigenen Worten: Wieso ist Mikroplastik so gefährlich? Was kann man dagegen tun?

_____

_____

_____

_____

_____

_____

_____

_____

Wie zeichnet man ein Bonbon? Versuche es selbst!

Müllverbrennung

In den vergangenen Stunden habt ihr euch Gedanken gemacht, wie man Müll trennen kann. In der Industrie können Kunststoffabfälle, nachdem sie getrennt wurden, je nach Grad der Vermischung und Verschmutzung auf unterschiedliche Art und Weise verwertet werden. Drei Wege kommen hierfür in Frage: die werkstoffliche, rohstoffliche und energetische Verwertung.

Lies den Text auf der nächsten Seite und beantworte erkläre die drei Verwertungsarten von Kunststoffen.

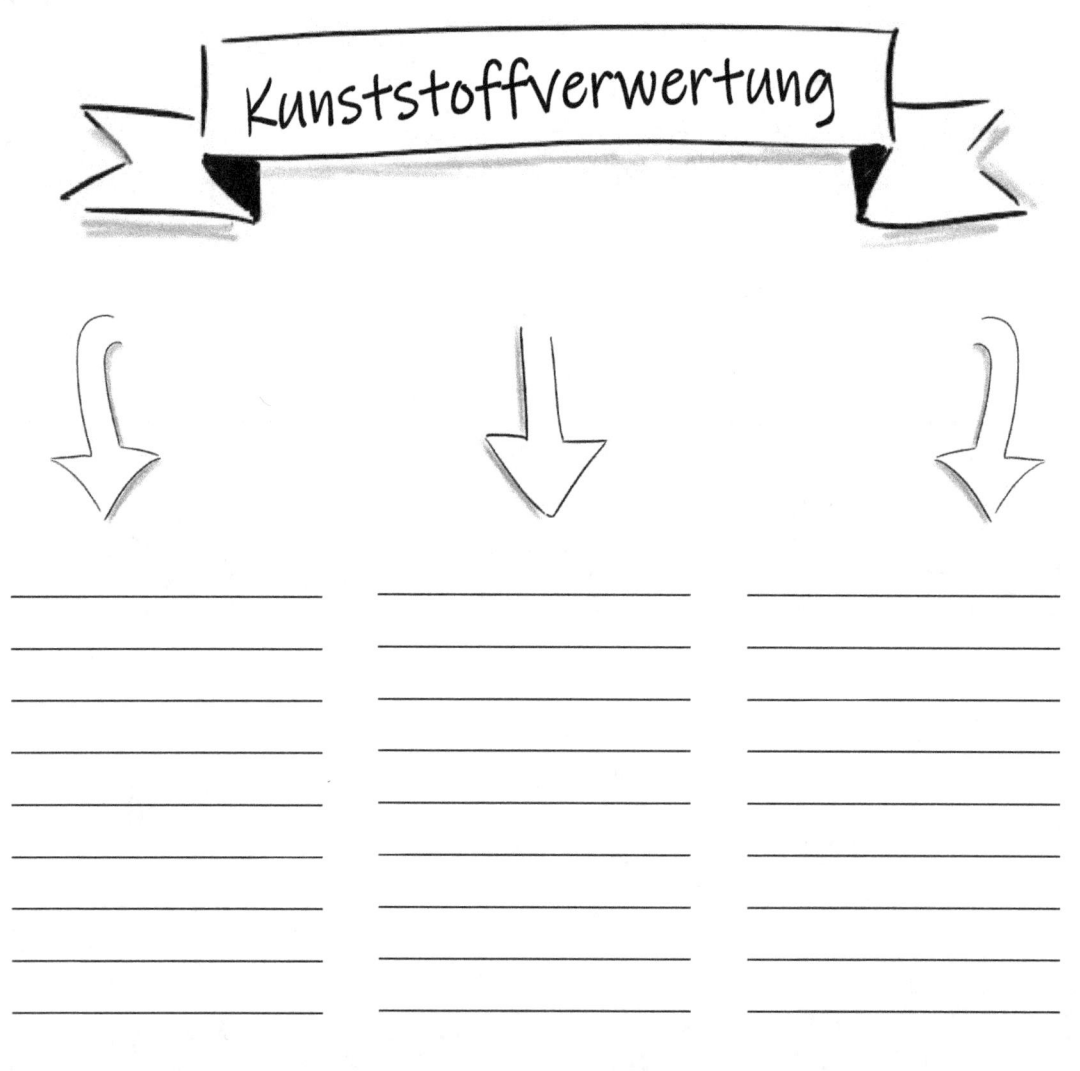

Müllverbrennung

3.12

1. **Lies den Text einmal oberflächlich durch.**
2. **Lies ihn anschließend ein zweites Mal und unterstreiche wichtige Begriffe und Fakten.**
3. **Fasse die wichtigsten Fakten auf der übernächsten Seite im Schaubild zusammen.**

Jährlich werden in Deutschland rund 6 Milliarden Plastik-Tüten benutzt, die nach durchschnittlich nur 25 Minuten in den Müll wandern. Im Jahr 2009 wurden allein in Deutschland 17 Millionen Tonnen Kunststoffe produziert – ein großer Teil davon landet auf dem Müll und nur wenig wird recycelt. Kunststoffabfälle ergeben sich auf dem ganzen Weg der Herstellung eines Produkts. Dabei nehmen die Probleme von Sortenvermischung und Verschmutzungsgrad im Verlauf der Nutzungskette zu. Diese Faktoren beeinflussen aber eine mögliche Verwertung der Abfälle: Besteht ein Joghurtbecher nur aus einer einzigen Sorte Plastik, sieht das bei bunten Spielzeugen schon anders aus.

Grundsätzlich gibt es drei verschiedene Arten, alten Kunststoff zu verwerten.

Bei der **werkstofflichen Verwertung** werden Altkunststoffe zu neuen Rohstoffen oder direkt zu neuen Formteilen umgewandelt. Der chemische Aufbau der Makromoleküle (das bedeutet, die eigentliche Kunststoffsorte) bleibt dabei erhalten. Dieses Verfahren kommt nur zur Anwendung, wenn die Abfälle sortenrein sind oder aus vollwertigen Rohstoffen bestehen. In der Industrie ist dies oft leichter zu bewerkstelligen, als im freien Handel: Styroporverpackungen die bei Firmen in großen Mengen auftreten, lassen sich gründlicher aufbereiten, als ein gelber Sack voller Verbundstoffe und unterschiedlicher Kunststoffbehälter.

Die **rohstoffliche Verwertung** beschreibt die Umwandlung von Kunststoffen in niedermolekulare Produkte wie z.B. hochwertige Öle oder Flüssiggas, die als Ersatz für fossile Rohstoffe (Erdöl, Kohle oder Erdgas) zum Einsatz kommen. Statt Benzin von der Tankstelle, kann man auch Kunststoffe in Öl verwandeln.

Müllverbrennung

Bei der Entsorgung von Altkunststoffen bleibt allen Anstrengungen zum Trotz ein großer Anteil übrig, der aus technischen, wirtschaftlichen oder auch ökologischen Gründen weder werk- noch rohstofflich verwertbar ist. Kunststoffe bestehen jedoch aus energiereichen, chemischen Verbindungen. Diese Energie kann man bei der **energetischen Verwertung nutzen**. Damit ist die Verbrennung des Abfalls gemeint, sowohl um die Verbrennungsenergie zu nutzen und gleichzeitig auch umweltschädliche Stoffe zu zerstören. Für viele Kunststoffe ist die energetische Verwertung derzeit praktisch die einzige Methode. Ein Problem dabei ist, dass bei der Verbrennung von Plastik auch viele giftige Dämpfe und Stoffe entstehen – vielleicht hast du das ja schon einmal gerochen. Die energetische Verwertung hat jedoch auch einen gewaltigen Vorteil: Viele Kraftwerke zur Stromerzeugung verbrennen fossile Brennstoffe: Steinkohle, Holzkohle, Erdgas und Erdöl. Speziell der Kohleabbau zerstört ganze Landstriche und sogar ganze Dörfer müssen umgesiedelt werden. Diese Landschaftszerstörung kann verringert werden, wenn man die Müllverbrennung auch zur Stromerzeugung nutzt. In Abfallverbrennungsanlagen werden aus dem brennbaren Material elektrischer Strom und Wärme produziert und damit ganze Stadtteile versorgt. Das funktioniert nicht nur mit Kunststoff – auch Bioabfälle können in Biogasanlagen zu brennbarem Gas umgewandelt werden. Restmüll und Bioabfälle sind in unserem Land zu Genüge vorhanden. Werden sie zur Erzeugung von Strom und Wärme verwendet, dann muss weniger Braunkohle verbrannt werden und unsere Umwelt wird vor noch mehr Zerstörung bewahrt.

Abfälle, die nicht wiederverwertet werden können, sogenannte Siedlungsabfälle, dürfen seit 2005 nicht mehr einfach so auf eine Mülldeponie gekippt werden. Statt dessen werden sie in einer Müllverbrennungsanlage (MVA) verbrannt. Dabei entstehen verschiedene Stoffe, die man z.T. wieder nutzen kann, aber auch gifthaltige Rückstände an, die auf einer Sonderdeponie gelagert werden müssen.

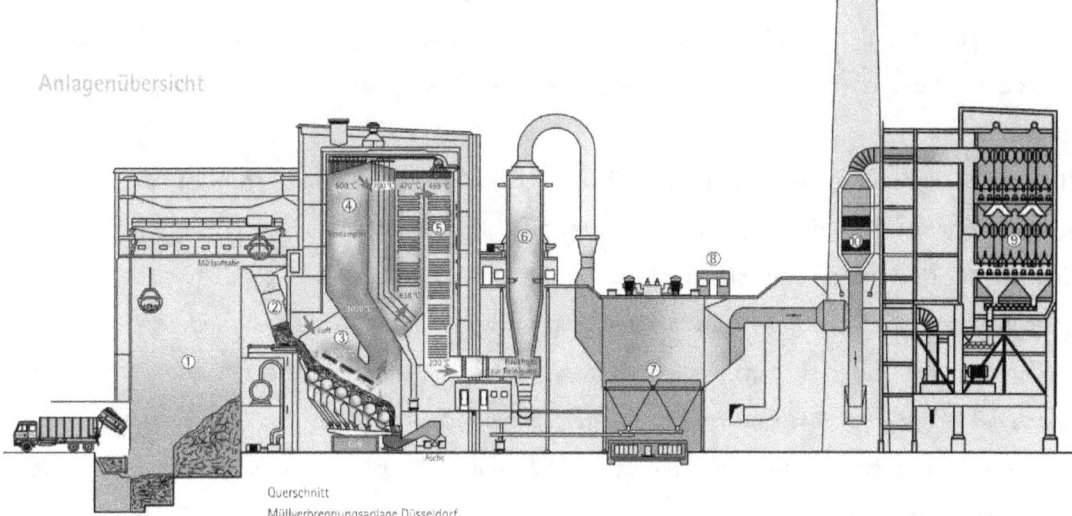

Querschnitt
Müllverbrennungsanlage Düsseldorf

Bilde mündlich Sätze aus den vorgegebenen Worten und beschreibe damit, was in der MVA passiert. Ordne die Sätze der Reihe nach und notiere die passende Zahl davor.

- o   verbrennen – Feuerraum – auf einem Rost – Abfall

- o   Greifer – Kran – Einfülltrichter – Verbrennungsofen

- o   nutzen – Restwärme – Heizen

- o   reinigen – Filter – Verbrennungsgase – in die Luft – keine Schadstoffe

- o   erhitzen – heiße Verbrennungsgase – Wasser – Dampf

- o   Abfall – Schlacke – LKW – Sonderdeponie

- o   antreiben – Wasserdampf – heiß – Turbinen – elektrischer Strom - erzeugen

Nachhaltigkeit

Wenn du im Internet nach Texten zu den Begriffen „Abfall", „Recycling" oder „Umwelt" suchst, stößt du früher oder später auf den Aspekt der **„Nachhaltigkeit"**. Zum ersten Mal wurde dieses Wort von einem Hans von Carlowitz um das Jahr 1700 verwendet. Er war als Ratsmitglied verantwortlich für die Wälder im Erzgebirge im Osten Deutschlands. Das Holz der Wälder war sehr kostbar und wurde zum Bau von Hütten und zum Heizen verwendet und war für die Metallgewinnung wichtig.

Von Carlowitz erkannte, dass die Menschen das Holz langfristig nur dann nutzen konnten, wenn der Abbau reguliert und vorsichtig durchgeführt wurde und die Natur genug Zeit bekam, die Rohstoffe neu zu schaffen. Nachhaltigkeit bedeutete, dass nicht mehr Bäume gefällt werden durften, als nachwuchsen.

Heutzutage verbrauchen wir viel mehr Rohstoffe, als vor 300 Jahren und darum ist der Begriff der Nachhaltigkeit noch wichtiger geworden und hat auch eine erweiterte Bedeutung bekommen: Nach dem Rat für Nachhaltige Entwicklung, der 2001 in Deutschland ins Leben gerufen wurde, bedeutet „Nachhaltigkeit", dass *„Umweltgesichtspunkte gleichberechtigt mit sozialen und wirtschaftlichen Gesichtspunkten berücksichtigt werden. Zukunftsfähig wirtschaften bedeutet also: Wir müssen unseren Kindern und Enkelkindern ein intaktes, ökologisches, soziales und ökonomisches Gefüge hinterlassen. Das eine ist ohne das andere nicht zu haben. Es ist ein Prinzip, bei dem nicht mehr verbraucht werden darf als nachwachsen, sich regenerieren und für künftige Generationen zur Verfügung steht."*

Drei Aspekte stehen bei der „Nachhaltigkeit" im Fokus: **soziale, ökonomische** und **ökologische**. Weißt du, was die drei Begriffe bedeuten?

Soziale Aspekte: _____

_____

Ökonomische Aspekte: _____

_____

Ökologische Aspekte: _____

_____

Nachhaltigkeit

Betrachte das Worträtsel und finde zehn wichtige, aber versteckte Wörter aus dem Text wieder.

K	G	ö	U	R	P	S	I	X	Z	S	L	G	T	P	E	K	K	M	Q
G	C	K	W	X	R	E	T	K	Q	J	E	P	E	D	K	L	R	U	H
V	D	O	A	L	Y	N	Z	U	K	H	Z	W	E	N	W	H	H	W	B
M	X	N	H	R	D	P	R	O	D	U	K	T	I	O	N	I	Z	X	M
M	B	O	L	E	R	D	I	U	B	P	Q	Z	F	H	R	S	J	B	W
E	U	M	W	G	A	L	O	Z	U	N	P	V	I	B	T	O	K	N	Z
N	T	I	N	E	K	M	D	R	L	Y	D	L	R	I	K	Z	R	Z	I
S	S	S	Z	N	A	C	H	H	A	L	T	I	G	K	E	I	T	E	W
C	Z	C	U	E	N	V	U	N	L	N	X	Z	U	C	Q	A	J	F	E
H	S	H	H	R	K	R	D	S	X	A	W	W	I	G	C	L	L	O	B
H	F	G	E	A	V	E	R	B	R	A	U	C	H	V	H	H	U	E	C
E	N	N	A	T	W	S	B	T	S	K	X	R	P	X	H	A	B	R	L
I	E	S	G	I	I	S	U	R	E	G	I	A	D	N	I	Y	O	S	I
T	Z	W	P	O	O	O	E	G	C	T	M	X	W	M	X	G	D	S	H
F	U	L	V	N	V	U	M	W	E	L	T	H	H	G	A	E	G	S	B
S	K	R	S	Q	B	R	D	K	Y	O	Y	D	G	A	Y	Q	E	B	M
V	U	F	B	O	E	C	P	N	E	G	O	Q	U	D	B	I	N	U	U
Q	N	Y	Z	U	T	E	E	R	A	C	F	W	T	S	B	F	C	S	W
W	F	A	O	N	M	N	A	T	H	G	K	V	W	K	S	L	N	S	T
W	T	S	B	D	X	K	Z	X	D	F	J	S	R	S	P	P	K	T	F

Nachhaltigkeit

In der heutigen Welt und der von morgen zählt nicht nur, was du alleine kannst – sondern auch, wie du mit anderen zusammenarbeiten kannst. Im ersten Kapitel habt ihr die zentralen Probleme der Welt gesammelt.

Startet nun ein gemeinsames Padlet und richtet Spalten ein – eine für jedes genannte Problem. Sammelt eine Woche Fragen und Informationen zu den jeweiligen Themen. Kommentiert andere Beiträge und verbessert und überarbeitet euer Padlet. Lerne zu kooperieren und eure Arbeit als Prozess zu begreifen, der immer wieder aufgegriffen und überarbeitet wird.

Wie zeichnet man einen Benzinkanister? Versuche es selbst!

Nachhaltigkeit

Nachdem ihr nun viele Informationen über die Probleme der Welt gesammelt habt, schreibe einen Aufsatz und beantworte darin folgende Fragen:

- Welches Thema bewegt mich am meisten? Warum?
- Was wird mein Beitrag sein, um dieses Problem zu ein Stück weit zu bearbeiten?
- Wer und was möchte ich einmal werden? Welches Problem der Welt möchte ich lösen?

Sammle zunächst Stichpunkte, bevor du schreibst!

Stichpunkte:

_____

_____

_____

_____

_____

Nachhaltigkeit

Aufsatz:

Erneuerbare Energien

Führe ein simples Brainstorming zu erneuerbare Energien durch. Besprecht eure Ergebnisse, teilt euch in Gruppen auf und bereitet eine Präsentation vor. Nutzt zur Recherche Schulbücher und das Internet. Nutzt zur Präsentation PowerPoint (oder eine vergleichbare Präsentationssoftware) und arbeitet kooperativ mit mehreren Computern gleichzeitig.

ERNEUERBARE
ENERGIEN

Mein Thema: _____

Mein Gruppen-Link: _____

Innovation und Infrastruktur | 6

Bill Gates hat die Firma Microsoft gegründet, die das Betriebssystem für 90% aller Computer und die verbreitetste Büro-Software „Office" weltweit bereitstellte. Über viele Jahre zu Ende des letzten und Beginn dieses Jahrhunderts war Bill Gates der reichste Mensch der Erde mit einem Besitz von vielen Milliarden Dollar. Was denkst du, wie alt war Bill Gates, als er die erste Software programmierte? Schreibe deine Vermutung auf: _____

Was denkst du, wie alt war der Erfinder der Blindenschrift? _____

Wie alt war die erste amerikanische Frau, die ein Patent auf ihre Erfindung erhielt? _____

Forschen, Erfinden und intensives Planen sind wichtige Pfeiler unserer Gesellschaft. Dafür ist man niemals zu jung! Stell dir vor, du wärest Erfinder: Aus welchem Bereich (ganz ungefähr) käme deine Erfindung (z.B. Medizin, Umweltschutz, Automobile oder Computerspielbranche? Oder hast du vielleicht schon eine konkrete Idee? Skizziere deine Gedanken kurz.

_____

_____

_____

_____

_____

Denke einen Schritt weiter: Was müsste Schule bieten, damit aus dir ein Erfinder werden könnte?

_____

_____

_____

_____

Nachhaltige Städte

Mit Beginn der Industrialisierung in der Mitte des 19. Jahrhunderts begann der Siegeszug der Städte, die mit Beginn des 21. Jahrhunderts neuen Schwung erlebt: Mehr als 50 Prozent der Weltbevölkerung leben inzwischen in städtischen Siedlungsgebieten, in Deutschland sind es bereits 75 Prozent. Weltweit prognostizieren die Vereinten Nationen bis zum Jahr 2050 bis zu 70 Prozent Stadtbewohner. All diese Menschen erhoffen sich in Städten einen besseren Zugang zu Einkommen, Wohnraum, Bildung und Gesundheitsversorgung.

Heutzutage ist die Stadtentwicklung wichtig wie nie zuvor. Dies impliziert die Auseinandersetzung mit Fragen wie: Wie, von wem, mit welchen Ressourcen und mit welcher Verbindlichkeit können städtische Entwicklungsprozesse nachhaltig gestaltet werden? Nachhaltigkeit bedeutet in diesem Zusammenhang die ökonomische, soziale und ökologische Zukunftsfähigkeit städtischer Entwicklung.

Auf diese Fragen gibt es – trotz vielfältiger Forschungsanstrengungen – noch keine universellen Lösungen. Zu unterschiedlich sind, weltweit gesehen, sowohl die gesellschaftlichen und naturräumlichen Herausforderungen nachhaltiger Stadtentwicklung als auch die wirtschaftlichen, politischen und sozialkulturellen Ressourcen für deren Verwirklichung.

Nachhaltige Stadtentwicklung kann nur gelingen, wenn die verschiedenen Faktoren sozial, wirtschaftlich, ökologisch sowie kulturell und institutionell so zusammenwirken, dass aus dem verantwortlichen Umgang mit den vorhandenen Ressourcen ein fairer Konsens zwischen den Interessen der heutigen und der künftigen Stadtmenschen erwirkt wird. Aber das bedeutet auch, dass sich jeder einzelne Mensch einschränken müsste: Eine Reise mit dem Flugzeug belastet die Umwelt etwa zehnmal soviel mit CO_2, wie eine mit dem Zug. Auch das Auto steht im Vergleich näher beim Flugzeug, als bei der Bahn. Wie kommt ihr in den Urlaub? Kannst du dir vorstellen, später generell auf ein Auto zu verzichten? Was ist mit deinen Eltern?

Auf den folgenden Seiten sollst du dich ein wenig mit den Verkehrswegen einer modernen Stadt auseinandersetzen.

Schienenverkehr I

Hauptbahnhof Köln

Jährlich werden ca. 40 Mrd. Personenkilometer im **Personenfernverkehr** gefahren. Jeden Tag fahren mehr als 1300 Züge und befördern Fahrgäste zwischen größeren Städten. Beispielsweise kann man vom Kölner Hauptbahnhof nach Paris in 3 Stunden fahren. Hier ist man mit den sogenannten Intercityexpresszügen (ICE) relativ schnell unterwegs.

Im **Regional- und Stadtverkehr** fahren jährlich noch mehr Züge. Insgesamt fahren jährlich ca. mehr als 23000 Züge von Ort zu Ort. Hierbei wird eine Strecke von mehr als 46 Mrd. Personenkilometern zurückgelegt. Viele Menschen sind auf diese Züge angewiesen, damit sie täglich zu ihrer Arbeitsstelle kommen. Neben dem Personenverkehr dient der Schienenverkehr für den Transport von Gütern.

In Deutschland transportieren täglich mehr als 5000 Güterzüge im **Güterverkehr** Güter und Waren quer durch Deutschland. Diese Güterzüge werden an Bahnhöfen mit großen Güterverkehrszentren werden be- und entladen.

Schienenverkehr II

Der Schienenverkehr wird dabei in drei Kategorien eingeteilt – kannst du dir denken, welche?

1. _____

   Züge dieser Kategorie fahren jährlich in Deutschland über 136 000 000 000 Kilometer.
   Damit ist diese Kategorie die mit Abstand wichtigste für Deutschland.

2. _____

   Diese Kategorie liegt mit 39 000 000 000 Kilometern auf Rang zwei. Mit diesen Zügen bist
   du vermutlich schon einmal gefahren.

3. _____

   Immer noch oft, aber deutlich weniger Kilometer fahren die Züge dieser Kategorie:
   Nur 34 000 000 000 Kilometer sind es.

Kannst du dir erklären, warum Nummer 3 weniger Kilometer anzeigt, als bei Nummer 2
obwohl die Entfernungen vom Namen her größer sind?

_____

_____

_____

ÖPNV: Öffentlicher Personennahverkehr

Viele Schüler dürfen in Deutschland in ihrer Stadt kostenfrei mit dem Öffentlichen Nahverkehr fahren. Wie findest du das? Schreibe ein kurzes Statement und begründe deine Meinung!

_____

_____

_____

_____

_____

_____

_____

_____

Busse müssen repariert und gewartet werden. Er verbraucht 30 – 40 Liter Diesel je 100 Kilometer (ein Auto etwa 5-6 Liter) und auch die Busfahrer müssen bezahlt werden. Weil das Geld durch die Ticketverkäufe nicht ausreicht, bekommen die Unternehmen zusätzliches Geld durch Steuern – man sagt: Sie werden *subventioniert*. Das bedeutet, von allen Steuergeldern die das Land einnimmt, werden Polizisten und Krankenhäuser und Straßen gebaut und ein Teil geht auch an den ÖPNV.

Einige politische Parteien schlagen vor, den gesamten Öffentlichen Nahverkehr kostenlos zu halten. Sammle zunächst einige Pro- und Contra-Argumente und diskutiert anschließend in der Klasse darüber.

_____

_____

_____

_____

_____

Projekt: ÖPNV

Vor eurer Schule halten jeden Morgen und jeden Nachmittag zahlreiche Busse. Welche Probleme habt ihr dabei schon erlebt? Schreibe zunächst alleine auf und sammelt dann in der Klasse.

_____

_____

_____

_____

_____

_____

_____

Wie könnte man die Situation verbessern? Notiere einige Ideen und vergleiche anschließend mit deiner Tischgruppe.

_____

_____

_____

_____

_____

Wege aus dem Verkehrschaos | 7.4

In der heutigen Zeit ist es wichtig, sich mittels Argumenten über ein bestimmtes Thema auszutauschen. Stellt eine Talk-Show nach, in der ihr euch mit der Problematik des zunehmenden Verkehrs auseinandersetzt.

1. Auf Karten erhaltet ihr eine bestimmte Rolle und gehört damit einer bestimmten Gruppe (z.B. Umweltaktivist) an.

2. Setzt euch in eurer Gruppe zusammen und sammelt Argumente, die eure Position stärken. Ihr findet in Schulbüchern, der Zeitung oder im Internet Hilfen. Auch die jeweilige Organisation könnt ihr anfragen. Notiert euch stichpunktartig eure Argumente und wählt anschließend einen Gruppensprecher, der eure Position in der Talkshow vertritt.

3. Führt das Rollenspiel durch, sowie sich alle gut vorbereitet haben. Setzt euch dazu an einen gemeinsamen Tisch – der Rest der Klasse beobachtet und macht sich Notizen. Denkt bitte daran, dass es nicht darum geht, wer am Ende gewinnt und haltet euch an die Gesprächsregeln.

4. Führt zum Schluss eine gemeinsame Auswertung durch und besprecht offene Argumente oder Fragen.

Wege aus dem Verkehrschaos

7.4

Meine Position:

Argumente und Notizen:

Wege aus dem Verkehrschaos

Beobachtungsbogen: Notiere, welche Argumente dich überzeugt bzw. gar nicht überzeugt haben.

_____

_____

_____

_____

_____

_____

_____

_____

_____

_____

_____

_____

_____

_____

_____

_____

_____

_____

_____

_____

_____

In den letzten 50 Jahren haben wir mehr Güter und Ressourcen verbraucht, als alle Menschen vor uns zusammen. Natürliche Ressourcen sind die Lebensgrundlage auf unserem Planeten, der wachsende Konsum und damit Verbrauch der Ressourcen bringt die Tragfähigkeit der Erde jedoch an ihre Grenzen. 70 Milliarden Tonne Rohstoffe werden derzeit jährlich gefördert und konsumiert– das ist beinahe doppelt so viel wie vor 30 Jahren. Ein Mensch aus Europa verbraucht durchschnittlich 43 kg Rohstoffe pro Tag – zum Vergleich: der weltweite Durchschnitt liegt bei 27 kg! Durch das weltweite Bevölkerungswachstum und die Zunahme ressourcenintensiver Lebensstile ist die Perspektive aber düster: Die Erde hat nicht genug Rohstoffe für unsere Gier!

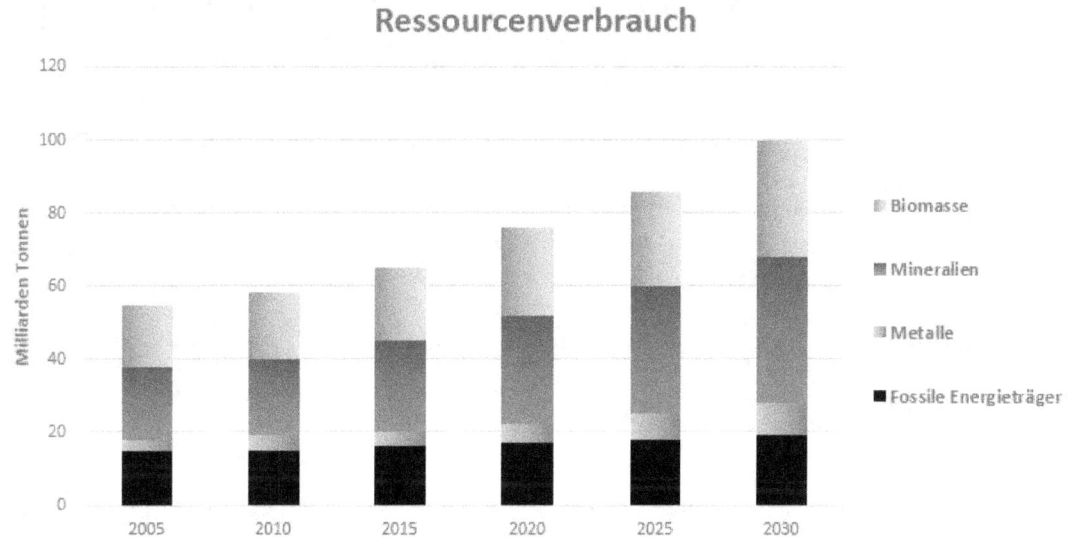

Diskutiert im Kurs, wie man Menschen von einem verantwortungsbewussten Konsum überzeugen kann.

Erstellt mit euren Smartphones einen 30-sekündigen Werbespot, der genau das zum Thema hat und der euren Mitschülern das Thema nahebringen soll.

Ihr habt in den vergangenen Wochen und Monaten viel über Recycling und Nachhaltigkeit gelernt. Nun soll das Ganze in spielerischer Form noch einmal abgefragt werden: Erstellt in einer Tischgruppe ein Quiz mit Fragen aus dem ganzen Buch.

Wie zeichnet man einige Tiere? Versuche es selbst!

Kahoot

1. Frage: _____

    1. Antwort: _____

    2. Antwort: _____

    3. Antwort: _____

    4. Antwort: _____

2. Frage: _____

    1. Antwort: _____

    2. Antwort: _____

    3. Antwort: _____

    4. Antwort: _____

3. Frage: _____

    1. Antwort: _____

    2. Antwort: _____

    3. Antwort: _____

    4. Antwort: _____

4. Frage: _____

    1. Antwort: _____

    2. Antwort: _____

    3. Antwort: _____

    4. Antwort: _____

5. Frage: _____

    1. Antwort: _____

    2. Antwort: _____

    3. Antwort: _____

    4. Antwort: _____

6. Frage: _____

    1. Antwort: _____

    2. Antwort: _____

    3. Antwort: _____

    4. Antwort: _____

7. Frage: _____

    1. Antwort: _____

    2. Antwort: _____

    3. Antwort: _____

    4. Antwort: _____

8. Frage: _____

    1. Antwort: _____

    2. Antwort: _____

    3. Antwort: _____

    4. Antwort: _____

9. Frage: _____

    1. Antwort: _____

    2. Antwort: _____

    3. Antwort: _____

    4. Antwort: _____

10. Frage: _____

    1. Antwort: _____

    2. Antwort: _____

    3. Antwort: _____

    4. Antwort: _____

Kahoot

11. Frage: _____

    1. Antwort: _____

    2. Antwort: _____

    3. Antwort: _____

    4. Antwort: _____

12. Frage: _____

    1. Antwort: _____

    2. Antwort: _____

    3. Antwort: _____

    4. Antwort: _____

13. Frage: _____

    1. Antwort: _____

    2. Antwort: _____

    3. Antwort: _____

    4. Antwort: _____

14. Frage: _____

    1. Antwort: _____

    2. Antwort: _____

    3. Antwort: _____

    4. Antwort: _____

15. Frage: _____

    1. Antwort: _____

    2. Antwort: _____

    3. Antwort: _____

    4. Antwort: _____

Nachwort

Lieber Leser,

Danke für Ihr Vertrauen.

Wir hoffen, dass Sie beim Durchblättern dieses Buches Lust auf Unterricht bekommen haben. Und wir hoffen, dass wir Ihnen mit diesem Buch wertvolle Stunden sparen, die Sie nun nicht mit Unterrichtsvorbereitung und Recherche, sondern im Garten mit der Familie verbringen können.

In den vergangenen drei Jahren haben wir uns eine Reihe von Büchern publiziert, die alle dem Fach "Arbeitslehre" verhaftet sind. Vom "Technischen Zeichnen" über die "Elektrotechnik" und das Thema "Mobilität" bis hin zum Fach Hauswirtschaft und dem "Küchenführerschein".

Das Erstellen dieser Bücher hat uns wahnsinnig viel Freude bereitet und wir haben immer wieder tolles Feedback erhalten, Fehler ausgemerzt und die Bücher erweitert.

So betrachtet ist dieser erste Band gewissermaßen ein Pilotprojekt: Besteht von Seiten der Lehrer- und Leserschaft ein Interesse an Büchern aus dem Fachbereich Naturwissenschaft?

Wir glauben schon!

Neben der Gestaltung dieses Buches haben wir die letzten Wochen auch damit verbracht, über weitere Bände aus der Reihe NW nachzudenken und erste Entwürfe zu skizzieren. Und hier kommen Sie ins Spiel: Welche Themen wünschen Sie sich? Welche Einheit bereitet Ihnen Bauchschmerzen und welches Projekt würde Sie sehr interessieren?

Hinter dem abgebildeten QR-Code finden Sie eine kleine Themen-auswahl! Klicken Sie einfach das Thema an, welches Sie am meisten interessiert - und das Beste ist: Wenn Sie eigene Vorschläge haben, findet sich auch dafür ein Feld. Wir werten jede Antwort aus und starten mit dem Buch, das die meisten Stimmen erhält! Wir freuen uns schon auf den kreativen Prozess.

Außerdem sind wir über Feedback, Ideen und Hinweise über Fehler immer dankbar! Schicken Sie solches einfach per E-Mail an **halbtagsblog@gmail.com**.

Wir möchten um einen letzten, großen Gefallen bitten: Wenn Ihnen die Lektüre ein wenig Spaß gemacht hat, bewerten Sie uns positiv auf Amazon. Dieses Buch entstand ohne einen großen Verlag im Rücken und es gab keinen Lektor. Wann immer Sie über ungelenke Sätze gestolpert sind, haben Sie im Hinterkopf, dass wir Mathematik- und Techniklehrer und als solche mit bescheidenen sprachlichen Fähigkeiten ausgestattet sind.

Besten Dank!

Filme im Physikunterricht?

Ob ein Ball von einem Tisch rollt oder Spiderman von einem Haus fällt, macht – physikalisch betrachtet – keinen Unterschied.

Es wird Zeit, sich Gedanken zu machen, warum Physik zu den unbeliebtesten Schulfächern gehört. „Die Physik von Hollywood" bietet Lehrern und Schülern konkrete Anknüpfungspunkte. Abstrakte physikalische Begriffe werden mit der Lebenswelt der Schülerinnen und Schüler verknüpft: Kann Arnold Schwarzenegger wirklich entspannt aus dem Handgelenk schießen? Könnte es King Kong wirklich geben? Was passiert beim Beamen? Und wie schwer ist der unglaubliche Hulk?
In diesem Buch werden konkrete Filmsequenzen angesprochen und auf Schulniveau berechnet. Jeder Ausschnitt wird genau lokalisiert und ist via QR-Code mit dem jeweiligen Filmtrailer verbunden. Dazu gibt es ausführliche Lösungen zu jeder Aufgabe.

„Technisches Zeichnen für die Klassen 7 - 10" ist von Lehrern für Lehrer geschrieben worden. Das Buch bietet eine komplette Übersicht über die Thematik und ermöglicht die direkte Umsetzung in den Unterricht. Schulstunde für Schulstunde wird der Stoff von den Grundlagen bis zu komplexen Zeichnungen fertig aufbereitet.

Das Zeichnen grader Linien ist dabei ebenso Bestandteil der Reihe wie das Erstellen von Grafiken mittels Computer.

Das Ziel dieses Buches ist es, Lehrerinnen und Lehrern konkrete Materialien für eine komplette Einheit an die Hand zu geben. Sachtexte, Rätselaufgaben und motorische Übungen wechseln sich ab mit Rechercheaufgaben, Diskussionen und Projekten.

Mit diesem Buch steht Ihr Unterricht für das nächste Schuljahr!

Die Beschäftigung mit Elektronik insbesondere im Fach Technik ist für viele Kolleginnen und Kollegen eine große Herausforderung. Der Spagat zwischen den Anforderungen des Kernlehrplans und den Möglichkeiten des schulischen Alltags ist in der Praxis nur schwer zu schaffen.

Dieses Workbook bietet Lehrerinnen und Lehrern des Faches Arbeitslehre eine konkrete Struktur für den Unterricht. Stunde für Stunde wird der Leser über Grundlagen und einfache Versuche hin zu komplexen elektrischen Schaltungen geführt. Vorgefertigte Arbeitsblätter, Lesetexte und zahlreiche Experimente können 1:1 im Unterricht umgesetzt werden.
In diesem Lehrerband finden sich, passend zum Schülerband, alle Lösungen und viele didaktische und methodische Anmerkungen für den Unterrichtsalltag. Zusätzlich zu den farbigen Abbildungen sind auch Vorschläge für Klassenarbeiten enthalten.

Das Fach Hauswirtschaft erlebte in den letzten Jahren eine Neuerweckung und stellt viele Schulen vor enorme Herausforderungen. Der Spagat zwischen den Anforderungen des Kernlehrplans und den Möglichkeiten des schulischen Alltags ist in der Praxis nur schwer zu schaffen.

Dieses Workbook bietet Lehrerinnen und Lehrern des Faches „Arbeitslehre Hauswirtschaft" eine konkrete Struktur für den Unterricht. Schritt für Schritt werden die Schüler über Grundlagen und einfachen Rezepten hin zu einem bewussten Umgang mit Lebensraum „Küche" geführt. Vorgefertigte Arbeitsblätter, Lesetexte und zahlreiche Rezepte können direkt im Unterricht umgesetzt werden.

In diesem Lehrerband finden sich, passend zum Schülerband, alle Lösungen und viele didaktische und methodische Anmerkungen für den Unterrichtsalltag. Zusätzlich zu den farbigen Abbildungen sind auch zahlreiche Kopiervorlagen als Internetdownloads enthalten.

Das Schulfach "NW" ist für viele Lehrerinnen und Lehrer eine echte Herausforderung: Als Fachlehrer*in für Biologie, Chemie oder Physik müssen wir ein Fach unterrichten, in welchem verschiedene Themen auf ihre biologischen, chemischen und physikalischen Aspekte hin untersucht und für die Schüler fachkundig aufbereitet werden sollen.

An dieser Stelle setzt dies Arbeitsbuch ein: Der erste Band bietet Lehrerinnen und Lehrern einen handlungsnahen und praktisch orientierten Einstieg in das Fach NW. Schulstunde um Schulstunde wird der Leser über Grundlagen des naturwissenschaftlichen Denkens und einfachen Versuchen in das Fach NW eingeführt. Vorgefertigte Arbeitsblätter, ein Stationenlernen zum Magnetismus, Lesetexte und zahlreiche Experimente können direkt im Unterricht eingesetzt werden.

In diesem Lehrerband finden sich, passend zum Schülerband, Lösungen und didaktische und methodische Anmerkungen für den Unterrichtsalltag. Zusätzlich zu den farbigen Abbildungen sind auch Downloadmaterialien für den Unterricht enthalten.